내일은 내 소식도 전해 줄게

시에시집 **018**

내일은 내 소식도 전해 줄게

2024 강 따라 글 따라 시 모임 제5집

공후남 김옥희 김용택 김인상

박양식 박희숙 유갑규 이은수

詩와에세이

머리말

   시 공부 7년째, 8년이 돼갑니다. 시간이 쌓이는 일이 그렇게 쉽게 사라지지는 않아요.
   큰 부침 없이, 별 변화 없이, 위대한 일이 없어도 위대해질 수 있는 게 우리의 동인지를 매년 내는 거지요.
   2023년 '강 따라 글 따라 시 모임' 제5집 편집회의를 하면서 은수 1편 더 내서 6편 맞추고, 공 여사도 6편 맞게 써야 되고, 양식이도 한 편 더 내고, 유 선생님은 많이 내셨으니 좋은 걸루 추리고, 박희숙 님하고 두 분은 시가 점점 더 좋아지네요.
   옥희 씨는 아프니까 어쩔 수 없이 2편으로 가고, 인상 형님은 시가 점점 더 진짜 시인 같네요.
   선생님 밥 먹구해요. 밥공기에 올린 손이 이젠 너무 뜨거운데요.

2024년 1월
강 따라 글 따라 시 모임 일동

차례__

머리말 · 05

공후남

철새들이 나를 멀리 데려가 주면 좋겠다 · 13
어쩔까 · 14
인자 셋 남았다 · 16
나는 후남이 · 18
내일은 내 소식도 전해 줄게 · 20
그냥, 그런 날도 있어요 · 22
아픈 소파 · 24

김옥희

친구 · 27
안갯속 같은 세상도 · 28

김용택

새에게 집을 지어 주지 말아요 · 31
어느 조용한 아침 · 32
새 풀 · 33
가을에는 참지 못한 말들이 있어요 · 34
내 삶을 내다보는 곳 · 35
산을 밟고 넘다 · 36
아버지의 사진 · 37

김인상

고마운 친구야 · 41
어느 낯선 정류장에서 · 42
석류 · 43
잡초를 뽑다가 · 44
친구여 오늘 한잔 어떤가 · 45

박양식

가면이 숨은 집 · 49
내일로 갈 수 없는 강물 · 50
손을 씻다, 그래도 가을은 지워지질 않는다 · 52
아침 소묘 · 54
이별은 날마다 춥다 · 56
충만 · 58

박희숙

숲이랑 살다 · 61
서로를 알아가는 시간들 · 62
손녀 이쁨은 감출 수가 없다 · 64
강진 터미널에서 · 66
마지막 든 연필 · 70
맛있다는 의미 · 72

유갑규

농사는 주인을 잃었다 · 75
자빠진 김에 쉬어 가기 · 76
누님 가시던 날 · 78
우리 집 텃밭 · 80
아들 장가가던 날 · 81
토끼굴 닮은 집 · 82
장마가 사나워졌다 · 84
전투는 계속되고 있다 · 86

이은수

강가의 돌을 사랑한다고 하면 · 89
괜찮은 날들이 모여서 · 90
마음의 위로 · 91
반찬 벌어먹어야지 · 92
시처럼 사는 것 · 93
다정한 꿈 · 94

강 따라 글 따라

공후남

1963년 전북 순창 출생.
2002년 임실군 덕치면 구담마을로 귀촌.

철새들이 나를 멀리 데려가 주면 좋겠다

햇볕이 좋아 섬진강변 산책을 나선다
강물이 너무 아름다워 강물을 따라 한없이 따라가고 싶었다
따스했던 어느 날엔
강물 위 철새들이 무리 지어 노니는 모습을 분명 보았다
며칠 전 산책길엔
철새들이 한 마리도 없다
어디 먼 곳으로 여행을 갔으려나
빈 강물을 바라보며
철새들의 여행길을 따라가고 싶었다
때론 나를 데리고 어느 낯선 곳을
때론 신비롭고 아름다운 곳을
철새들과 함께 긴 여행을 가며,
산책길을 걸었다

어쩔까

내 손에 주름이 천 개
그 여인이 내 손을 만지며
나를 한번 바라보고
내 손을 다시 만져보며
그래서 이리 이쁜 곳을 가꾸었나요?
어쩔까, 하네
그저 웃지요

가까운 지인이
내 손을 바라보며
형수님 손이 왜 그래?
자꾸만 자꾸만 바라보네
그리곤
어쩔까 어쩔까, 하네
그저 웃지요

내 손을 바라보았다
오메,

어쩔까 이 손을 어쩔까
그냥 웃지요

인자 셋 남았다

나는 7월 3일 바빴다
아버지의 부재중 전화가 찍혀 있어
얼른 전화를 드렸다
아부지 전화했어요?
아니다
왜요?
아니다
뭔 일 있어요?
.
.
하나 갔다
.
.
.
순간 알아차렸다
다음은 나냐?
.
.

인자 셋 남았다
아버지의 한숨과 힘없는 목소리가
동시에 들렸다
아버지의 친구들 숫자가 자꾸만 줄어든다
뭐라 답해야 할지 몰라 망설이다
뭔지도 모를 옛이야기를 마구 떠들었다
어린아이 다독이듯
나이 드신 아버지를 다독여 드리고
전화를 끊었다
아버지는 자꾸만 어린아이가 되어간다

나는 후남이

이름도 안 이쁘다
촌스럽다
나이만 잔뜩 먹고 있다
내 마당에 있는
미스김라일락은 보랏빛 향기도 있고
꽃도 앙증맞게 이쁘다
명자나무는 고집이 세지만
참 예쁜 꽃을 가졌다
가지를 곱게 뻗지 않고 자기 맘대로
주장이 강하다
그래도 꽃이 예뻐 좋아한다
촌스러운 이름을 가진 후남이는
대신 동생들이 많다
남동생들도 있고 여동생들도 있으니
할머니가 지어준 이름은 성공임이 분명하다
나이 들어가며
동생들과 같이 세월을 나누어 가고 있는
후남이는

지금이 참 좋다

공후남 19___

내일은 내 소식도 전해 줄게

날마다 주방 앞 개나리 울타리로
날아오는 참새들과 눈맞춤을 한다
안녕!
나는 오늘 아침 북엇국에 깍두기를 먹었어
달그락 달그락
물소리와 그릇 소리를 요란하게 내며
참새들과 수다를 떤다
참새들의 수다는 요란스럽다
무슨 소식을 물고 왔는지 궁금하여
참새들의 대화에 눈을 맞추고
귀를 쫑긋 세우고
나의 손놀림도 부지런하게 움직인다
한 무리의 참새들이 날아오면
이웃 동네 소식도 궁금하고
또 한 무리의 참새들이 날아오면
먼 동네 사람들은 어찌 지내고 있는지도 궁금하여
내 눈과 귀는 아침부터 바쁘다
한참 수다를 떨다

참새들은 후루루 날아가 버린다
안녕!
내일은 기쁜 소식도
더 먼 곳의 소식도 기다릴게
우울하고 슬픈 소식은 전해 주지 않아도 괜찮아
내일은 내 소식도 전해 줄게

그냥, 그런 날도 있어요

어느 날
하염없이 내리는 비를 그냥 바라보아요
언제 그칠지도 모를 만큼 쏟아지는 비
집 앞에 다리가 넘치고 있어요
목을 기린만큼 늘이고
흘러가는 강물을 따라
더 멀리멀리 따라가고 있어요
어느 날
마당 위엔
정체 모를 비닐이 춤을 추고 있어요
때론 나풀나풀
때론 위태롭게
어느 순간 내 몸도 기우뚱기우뚱 움직이고 있어요
어느 날
처마에 걸어둔 곶감에
물까치 한 마리 날아와 곶감을 쪼아 먹고 있어요
가만 보니
곶감 서너 개는 이미 반쯤 먹었어요

분명 친구들 더 데리고 올 것이 빤하여
나는 이미 마음이 사나워졌어요
물까치에게 양보할 마음이 없는 게 분명하거든요
어느 날엔
폼나게
어느 날엔
좁쌀맞게
그냥 그런 날도 있어요

아픈 소파

오래된 소파에 상처가 났다
어린 손주 눈에 발견된 상처
주사 맞고 온 손주는 자기 몸에 붙어 있던
동그란 밴드를 떼어
소파야 아파?
소파에 조심스레 붙여 놓는다
밴드에 상처가 나고 떨어질 때까지
떼어 내지 않았다

강 따라 글 따라

김옥희

1964년 전북 임실 출생.
2009년 임실군 덕치면 사곡리로 귀촌.

친구

이웃 마을에 살았던
벗님네가 이사를 갔다
매일 보아도,
가끔, 우연히 만나도
요란하지 않은 반가움

은퇴하고
도시를 떠나 촌으로 왔건만
더 나이가 들어
병원 가까운 도시로 가니
세월처럼
잡을 수 없네
언제 가 보아도
그 자리에 있던 친구가
보이지 않는구나

안갯속 같은 세상도

안개가 짙은 아침
길이 보일까?
안갯속으로
조심스럽게 걷는다
먼 곳의 세상은
전혀 보이지 않는데
코앞의 모든 것들은
아주 잘 보이네
삶 속의 역경은
아득하게 느껴져도
그 안으로 들어가
부딪쳐 보면
길이 보이겠지

강 따라 글 따라

김용택

1948년 전북 임실 출생.
2008년 퇴직하고 고향에서 귀농·귀촌한 분들과
글쓰기를 하고 있다. 시집 『섬진강』 등.

새에게 집을 지어 주지 말아요

새에게 집을 지어 주지 말아요
농부들은 새에게 먹이를 주지 않는답니다
눈보라 치는 겨울밤
처마 밑을 찾아든 작은 새가
발자국을 남기지 않았네요
새를 사람의 마음으로 만들지 말아요

어느 조용한 아침

얼굴에 주근깨가 다닥다닥 박힌
살구는 노랗게 떨어질 생각을 마쳤습니다
내가 당신을 사랑한다는
말을 완성했을 때
산딸기가 익어 떨어지고
며칠 있다
6월이어서
새들이
조용한
아침

새 풀

어머니가 감나무 밑에 앉아
어린 풀을 뜯으며 울고
아버지는 어둠이 내려오는 뒷산을 바라보고
서 있었다

밤이슬에 젖은 바위처럼 무거운
아버지의 말소리가 들렸다
어이, 어두워졌네
그만 들어가세

이따금
어머니가 돌아가 눈물짓던 뒤안
감나무 밑에
올해도 새 풀들은 돋아났다

가을에는 참지 못한 말들이 있어요

하늘에도 땅에도
가을이 왔네요
하늘이 고와요
구름들이 하늘을
잘 돌아다니네요
가을 하늘에 구름처럼
하고 싶은 말을 하며
살고 싶어요
사랑해요
나는 당신에게
지금 이 말을 하고
싶어서 못 참았어요
보고 싶어요
우리 내일이나 모레
저 구름이 하는 말을
해석할 수 있을까요

내 삶을 내다보는 곳

여기는 내가 서 있는 자리
비가 올 때도 있다
산을 그려준
눈송이들이 모두 강물로 내려온다
구름이 나를 덮고 있을 때도 있다
내가 내 삶을 내다보는 곳
나의 어제는 하루가 어리석었다
느티나무가 평생을 느티나무로 사는
기나긴 세월로 가져온 평화를
나는 잊고 산다
지금은 팔짱을 끼고 서 있는
어느덧
또 한 봄

산을 밟고 넘다

날이 흐리고
머리가 무겁다
무거워서 머리가
들리지 않는다
들리지 않은 머리로
낙엽이 수북이 쌓인
산을 밟고 넘어
하루였다

아버지의 사진

내가 지금 이렇게 사는 줄 아버지께서 아신다면
얼마나 하고 싶은 말이 많으실까
36년 전에 돌아가신 아버지께서 나 때문에 걱정하시는 일이 없도록 하자
마당에 새로 심은 감나무에 대해서도 얼마나 당부하실 말씀이 많으실까
조각달이 마루 끝을 벗어나가고 있다

강 따라 글 따라

김인상

1946년 전북 순창 출생.
1998년 임실군 덕치면 구담마을로 귀촌.
시집 『누가 이 밤을 흔드는가』.

고마운 친구야

외로운 날엔
석양빛 황혼길에
강물 따라 흘러가자
하늘 노을 가리키며
마주보다 빙긋 웃고
조약돌 강물에 띄워
먼 산 바라보며

산다는 것 다 그렇지 뭐
독백처럼 머물다가
구름 한 점 떠가는 바람처럼
홀가분한
동행으로

어느 낯선 정류장에서

창밖에 달이 뜨면
방안에선 불을 끈다
창문을 열면 하얀 어둠 속에서
그리움이 밀려들고
끝내 달빛 안갯속으로 길을 나선다
진즉에 멈춰버린 과거 속에
질문할 수도
답을 할 수도 없는
굳게 닫힌 기억들이
또 다른 세상의 문을 두드린다
살자
그냥 살자
천 년처럼
그것도 인연인 것을
그러다
어느 낯선 정류장에서 기다리지요
또 하나
소중한 사랑이 찾아올 것 같아서요

석류

오늘 오실까
차마 그리운 님

설레는 바람 타고 어둔 밤 적막 속으로
꽃불로 밝힌 가슴앓이
붉게 터뜨리며
그 인연 끝내 덮어두고

달빛에 서성이는,

잡초를 뽑다가

마당 한 뼘 끝머리에
쑥부쟁이 하얀 꽃이
지 맘대로 피었구나
빌어먹을
지 혼자 세월 속에
헝클어진 하얀 머리
나보고
그리 늙으라고?

친구여 오늘 한잔 어떤가

기다리지 않아도
흘러오는 것이 어디 세월뿐이랴
어느새 강물 사이로 세월이 따라와
하얀 백발 사이로
먼 산이 보이고
무엇을 기다리다 지친 눈으로
하늘 한 번 올려다보자

외롭다는 것은 사랑이 그리운 것
흐른다는 것은
아직 살아 있다는 것
더 낯선 길도 같이 흐르다 보면
더 고운 하는 길도 열리겠지

석양빛 고운 모습
저 강물에 지기 전에

오늘 한잔 어떠한가

김인상

강 따라 글 따라

박양식

1961년 전북 순창 출생.
1999년 임실군 덕치면 장산리로 귀촌.

가면이 숨은 집

집에 있어?
응, 집이야
그래 놀러 갈게

그가 왔다
그리고, 곧 갔다

응, 잘 가

가을은 그렇게 한곳에 오래 머무는 계절이 아니다
방랑하는 자들의 헝클어진 발길이다
그래야, 가을이다

내일로 갈 수 없는 강물

아기 단풍이 바람에 설레인다
아직 물들지 않은 어미 잎새가
그 바람의 그늘로 함께 들어간다

흐르는 강물 속
그 강바닥에 풀숲 같은 이끼가 덮여 하루가 보이질 않는다
잃어버린 내일 그들은 어디로 흘러가야 하나
다시 돌아와 우리 앞에 선 어제
우리는 그 어제가 돌려준 오늘에 답장을 준비치 못하고

그래도 살아가는 물고기들
그들은
죄 없는 형벌에 지느러미 잘리고, 옆구리 찔린 유형을 안은 채
항상 오늘에 갇혀 흐느낀다

가을이 조금씩 벗어놓은 허물에
높이 나는 새들
그들도 정녕 오늘이 싫어서 그러할까

오늘도 그 단풍이 바람을 타고 가을을 흐느껴 간다

손을 씻다, 그래도 가을은 지워지질 않는다

혼자인 바람 따라 이 길 저 길 뉘엿뉘엿 구경하다
깊은 골목 허기진 고요를 지날 때
행여, 그대 놀라지 마라

빈집 같은 빈집에도
가을은 있으려니
맵시 좋은 낙엽, 아직 그 미미한 호흡을 고르고
놓지 못한 지난 애환의 그림자들 쉬이 접지 못한다

봄볕에 지형을 고르고
뙤약볕에 몸을 뒹굴려
온갖 비바람에 몸을 내려, 잦은 줄기 높게 올려낸
그 치열함을 어찌 외면하랴

그 계절 함께 건너온 빈집
가끔 술 취한 달, 더디 건너가는 절름발이 반생
건너오다 끊긴 전화음
누굴까?

빈 잔에 기울어진 졸음 화들짝 깬다

너가 없어도 가을은 홀로 가는 법을 안다

아침 소묘

아침은 늘 푸르다
창을 열면 투명한 공기와 산들의 전경이
시야 앞으로 와르르 쏟아진다
우르르 안겨 온 저 완벽한 풍경들
본능에 그저 직면하면 된다
받아들이는 가벼움과
느끼는 순수함이 한순간으로
합체되면 된다

그 사이로 흐르는 과거 같은 강물
맑다
산을 담고 나무를 담고 길을 담고
온갖 것들을 담아 기억에 이르는 저
항구적 불변들
모두 흘러가는 것들은 이젠 기억이다

살아갈 현재와 미지는 늘 불안하다
그 속에 갇힌 질서 한 절망과 부딪고

빈 껍질 속 공허를
한숨에 섞어 날숨에 퍼내도
가라앉질 않는 창문 안 자아가
그 아침 공기에 아무런 의미 없이 사라진다
순간이 마련한 사소한 소회
그걸 놓치지 않는 아침의 기회
그 하나만으로
오늘 살아갈 길은 충분하다

나목이 추워 보이는 시베리아 한파
늘 그렇게 상존한다
보이는 것과
보여주는 것의 불일치
세상은

이별은 날마다 춥다

저 굽이진 물살
그 위로 겹쳐진 붉은 황혼
놓칠세라 금세 다가와 성큼 서 있는 잊혀진 그리움

너는 그렇게 흘러만 가고
나는 그저 이방인이 놓고 간 문고리만 내내 만지작거리다 긴 하루를 놓친다
너를 따라간 지난 속삭임은 몇 해 묵어 그 언어가 사글고
이젠 그 자리에 깃든 새로운 잡풀은 저들의 노래로 헐어진 담벼락을 더듬어간다

그래도 다시
잊혀진 너의 싱싱한 가지를 잡아 당겨본 지난여름
더 굵어진 외면이 소나기로 나를 때린다

젖은 이별은 오래 가던가

굳은살 밀어내지 못한 게으름이 가을 촌락으로 기어들고
첫서리 내린 골목을 휑하니 쳐다본 나의 사시가
어제 황혼이 깃든 그 강물에 다시 묶인다

충만

나의 빈 하루를 덮어주는
저 맑고 가벼워진 낙엽들
거리마다 거룩하네
곧……
……, 그러나
봄 여름 가을 겨울 그리고……
봄
너의 안부가 궁금해 흙살 고운 곳에 꽃씨를 놓았다
여름
가문 날이 궂은 날보다 길었고
가을
상처가 많은 가지를 쳐내니 몸이 가벼웠다
그래, 가벼워진 만큼 쉽게 돌아갈 줄 알았으나
돌려줄 게 없는, 너무나 가벼운 사랑이 그도 부끄러워 했으리라
  겨울
  그 가벼움을 흰 눈 위에 놓아도 녹질 않았다
  봄에 뿌린 꽃씨는……

강 따라 글 따라

박희숙

1952년 전북 김제 출생.
2016년 임실군 덕치면 장암리로 귀농.

숲이랑 살다

숲도 살고
꽃도 살고
나도 살아라

저 산 너머
물안개
꽃 피우면
나도 하늘을 날으리

모든 만물은
초연히
잠들고

어수선한
세상도 덩달아
고요하다

서로를 알아가는 시간들

알아간다는 것은
시간의
길이만큼
알아가는
깊이는 같다

보이지 않는
허상을
진상으로
그리려는
애탐은 결코
쉬운 일이 아니다

평행선의
연속은
역행이어도
도리 없다

시간은

잡을 수 없으니

그저

잠잠이 같이 흐를 뿐이다

손녀 이쁨은 감출 수가 없다

일흔에서야
맞이한 손녀

울며 악을 써도
예쁘고
칭얼칭얼 잠 투정해도
자장가처럼 들린

할아버지 닮은
작은 눈이 귀여워
아들, 며느리 닮은 곳
숨은 그림 찾듯
재미있다

예쁘고 예쁜
내 손녀

포동포동 두 다리

고사리 같은 손 가락은
신이 주신 선물

고모와 꼭 닮은
우리 손녀
그림 같은 두 손 모아
딩동댕 피아노 치면
할머니는 노래하고파

아빠의 올바름
엄마의 너그러움
너도 닮아라

담을 수 없는
깊은 사랑 넘쳐
한없이 주고픈
내 손녀

강진 터미널에서

둘이 있다가
가버리니 죽겠네

"따라가지 왜 안갔어?"

우리 영감은
좋은 데 묘 써서
좋은 데로 갔디야

혼자 텅 빈 방에
있으려니
몸도 아프고
이야기할 사람도 없어
날마다 버스 타고
시장에 앉아 있네

노령연금 나오니
그걸로 버스값 하고

돌아다니네

방에 누워 있으면
이 생각 저 생각하다가
병들어 죽겠어

그러니
남편 생각하지 말고
막 쏘다녀야 혀

우리 영감은
젊어서 일만 하다가
남의 일, 힘든 일, 궂은 일,
고생스런 일만 하다가
겨울 동안
구시렁구시렁하더니
병원 일곱 번 가고
가버렸네

뜨건 것도 맛없고
찬 것도 맛없고
결국에
찬 것만 찾다가
가버렸당게

큰아들
작은아들
보고 싶다고 하더니
다 보고 가버렸어

"더 살면 뭐 하나"

내 세상 다 살았으니
자식 세상
살라 하고
가야 혀

"어서 가야 혀"

화장장 관 넣으면
이 세상 몸은 끝이라

마지막 든 연필

어눌한 혀와 언어들이
반듯이 서 있다
꿈틀거림도 어떤 기동도 없다

까만 색깔이 덮여
있을 뿐
빛은 비추지 않는다

내 모습 가리고 멀리서 웃는다

훤히 보일 수 없는
머릿속 생각들이
주저하고 있는 건가

표현해 보려 몸부림하지만
멈춰버린 언어들

무엇을 보이려 하는가

더 이상 말라버린 꽃잎에
손을 얹을 수 없다

백지 위에 써 내린
발 디딤일 뿐

맛있다는 의미

요리에 자신은 없다
기본 양념으로
담백한 맛을
내는 것은
살아온 노하우다
어쩌다
남편의 콧잔등에
땀방울이 송송 맺히면
맛있다는 신호다
덩달아 기분이 up 된다
각종 채소와 과일
약초들이
보약이 되어
건강을 지킨다
맑은 물,
신선한 공기,
상쾌한 바람은
맛나게 살게 한다

강 따라 글 따라

유갑규

1954년 전북 김제 출생.
2016년 임실군 덕치면 장암리로 귀농.

농사는 주인을 잃었다

어버이날이라더니
모처럼 자식들이
몰려왔다
초라하던
밥상이 푸짐해졌다
저녁부터 비가 온다기에
점심을 대충 하고
밭으로 나왔다
호박 모종 옮겨 심을
준비가 급하다
꼭 우리 어머니 닮았다
내 속에 어머니가 산다
내 자식들은 농사를 모른다
그렇게 한 세대가 가고
또 한 세대가 온다
다음 세대에 농사는
주인을 잃었다

자빠진 김에 쉬어 가기

난
아무 말도 안 했고
기다린 적도 없는데
보이는 세상 천지에
눈이 많이 몰려왔다
허리까지 빠지는 눈 폭탄이다
눈 치울 엄두조차 없다
베란다에 개집
닭장 가는 길로
겨우 통로만 내었다
적막강산
당분간 고립이다
그러고 보니
김칫독에 김치가 있고
햅쌀마저 풍족하니
불편할 것도
아쉬울 것도 없겠다
이대로 세상과 단절하고

한 열흘
고독과 함께 살고 싶다

누님 가시던 날

하늘에서 준 인연 따라
한 가지에서 나고 자란
내 누님은
계묘년 이월 초아흐렛날
팔십을 다 채우지도 못하고
누구라도 한 번은 가야 할 길
돌아오지 못할 길을 떠났다
금슬 좋은 매형과는
딱 일 주일 사이
뒤뚱거리는 걸음걸이
혼자 보내기 못 미더워
뒤따라 가시었나
부지런한 누님 발걸음으로
한나절이면
따라잡을 수 있겠다
그래서 서둘러 가시는 길
외롭지는 않으시리
가슴속에 차마 못다 한

한 묻어 두고서
그래도 하늘의 부름 따라
당당하게 길을 가시었다
내 뜰에 꽃 같은 누님이여!

우리 집 텃밭

텃밭은 천연 냉장고
텃밭은 자연 식물원
철 따라 자란 채소
따내고 캐내어도
마르지 않는 샘물처럼
식사 때마다
밥상 앞으로 걸어 나온다
고맙다 잘 자란 고추야
토마토야 풍성한 푸성귀야
장마와 폭염
올여름 무더위에
지쳐갈 때
우리 가족은
텃밭에 기대어 살았네
텃밭에 희망을 보았네

아들 장가가던 날

아들이 장가를 갔다
내가 셋방 하나를 얻어
가정을 세운 지 40년
아들은 이제 둥지를 떠나
내 집 아닌 딴 집에 산다
어쩌다 말참견이라도
할라치면
왜 남의 집 일에 간섭하세요
할 것만 같다
할 수 있는 일이 있다면
오직
기도하는 한 가지뿐

토끼굴 닮은 집

아직 어둠이 웅크린
작은 움막집
이 작은 공간에
밥을 먹고
잠도 자고
책 읽고 시 쓰며
해 저물면
농사일에 고단해진
몸도 부린다
세상 속 거친 비바람
막아 주며
나를 쫓는 헛소문에
나를 숨겨주고
오뉴월 한낮
내리쬐는 뜨거운 햇살
가리어 주다가
모진 눈보라를 뚫고
먼 길 찾아온

옛 친구와 정담 나누다
지치면 쉬어 가는 집
있을 것만 있고
없을 건 없는
행복도 파는
토끼굴 닮은 집

장마가 사나워졌다

어젯밤 요란한 빗소리
잠자던
근심마저 깨우더니
아침 계곡물 소리
산짐승의 포효처럼
울부짖는다
장마가 사나워졌다
사람들의 이기심에
자연이 반기를 든 것이다
또다시
폭우와 장마가
계속된다니
재작년에 난리 났던
일중리가 걱정이다
이 장마통
구름 사이로라도
한 사나흘
따가운 햇살 비치면

비탈밭 설익은 고추
붉게 물들고
햇살 기다리다
집을 나가버린
복숭아 단맛도
돌아올 수 있으려나

전투는 계속되고 있다

봄 상추가
끝나갈 무렵
또다시
청상추 씨앗 뿌렸다
내친김에
열무 씨 뿌리고
들깨 모도 심었다
올여름 무더위와의
한판 전쟁에서
나의 든든한
지원군이 되어 줄
전투 식량을
숨겨 두었다

강 따라 글 따라

이은수

1971년 경기도 용인 출생.
2008년 임실군 덕치면 천담마을로 귀촌.

강가의 돌을 사랑한다고 하면

내가
강가의 어떤 돌을
사랑한다고 하면
사람들은 비웃을 테지만
나의 사랑은
그럴 수도 있는 것
나의 수많은 고백과 비난을 다 듣고도
떠내려가지 않았어
물속에 잠겨 나를 기다리는
조용함
강가의 돌을 사랑한다고 하면
고개를 끄덕일 수도 있는
나의 사랑은
그럴 수도 있는 것

괜찮은 날들이 모여서

추운 날
주머니에 손을 넣고
하늘을 올려다보다
높이 날아
바람을 타는 새를 보았다
거스르려 하지 말고
바람과 노는 거야
지나간 일은 보내주고
아무렇지 않은 사람은 없어
아침을 먹고
저녁이 오면 집으로 가서
양말을 벗지
괜찮은 날들이 모여서
괜찮은 사람이 되는 거야

마음의 위로

시골 마을 해 질 녘
사람들은 보이지 않고
어두워진다
산이 까맣게 커지고
성큼 다가오는 시간을
아는 사람은
외로움과 무서움을 알아서
멀리
가로등이나 창문 불빛 아래
사람이 있을 것 같은
마음으로도
위로가 된다

반찬 벌어먹어야지

날도 더운데
식사는 잘 챙겨 드시나요
혼자서 어쩐데요
할멈 생전엔
부엌이 어떻게 생겼는지도 몰랐는데
뭐 요즘 내가 반찬을 다 한다고
가지가 잘 열렸길래
밥통에 쪄가지고
장 치고 고춧가루 파 마늘 깨소금에
미원 쬐끔 넣고 기름 치니까
맛나던데
시장이 반찬이지
산 사람이라고
때 되면 배고파지니 원
같이 저녁 드시게요
놔두게
난 논에 한 바퀴 둘러보고
반찬 벌어먹을라네

시처럼 사는 것

한 달에 두 편씩
그 정도쯤이야
그런데
쉽지 않다
글이 써질 때는
마음이 요동치는 시간
벗어날 길 없는 길에서
다른 길로
숨어지고 싶은 때
어쩌면
시를 안 써도 좋은 때가
잘 살고 있는 거다
가끔씩
시처럼 사는,
웃는 사람들을 만나면서

다정한 꿈

겨울비에
강물이 불어 다리가 잠겼다
머리맡에
강을 이고 자니
밤새 불어난
강물 흐르는 소리
긴 밤 내내 사납다
꿈에서 나는
강물 속 물고기들은 어쩌냐고 묻고
너는
큰 바위도 물고기도 안 떠내려가
다 큰 바보네
웃으며 다정해서
얕은 잠에 사나운 강이 흘러도
꿈인 듯 손이 따뜻하다

내일은 내 소식도 전해 줄게

2024년 1월 25일 초판 1쇄 펴냄

지은이 _ 강 따라 글 따라 시 모임
펴낸이 _ 양문규
펴낸곳 _ 詩와에세이

신고번호 _ 제2017-000025호
주   소 _ (30021)세종특별자치시 조치원읍 충현로 159, 상가동 107-1호
대표전화 _ (044)863-7652
팩시밀리 _ 0505-116-7653
휴대전화 _ 010-5355-7565
전자우편 _ sie2005@naver.com
공 급 처 _ 한국출판협동조합
주문전화 _ (02)716-5616
팩시밀리 _ (031)944-8234~6

ⓒ강 따라 글 따라 시 모임, 2024
ISBN 979-11-91914-55-9 (03810)

* 지은이와 협의하여 인지는 생략합니다.
* 이 책 내용의 전부 또는 일부를 재사용하려면 반드시 지은이와
  詩와에세이 양측의 동의를 받아야 합니다.
* 책값은 뒤표지에 표시되어 있습니다.
* 2024년 전북 임실군 문화관광과 지원사업으로 발간되었습니다.